LE
BILLET DE LOTERIE

COMÉDIE EN UN ACTE

LE
BILLET DE LOTERIE

COMÉDIE EN UN ACTE

pour Jeunes Filles

PAR

LEMERCIER DE NEUVILLE

PARIS

LIBRAIRIE THÉATRALE

14, RUE DE GRAMMONT, 14

1889

PERSONNAGES :

THOMAS, fermier.

CRUCHARD, usurier.

BISTOURI, docteur.

LOUSTALOT, neveu de Thomas.

JEANNOT, domestique de Thomas.

ROBINOT, clerc de notaire.

LE
BILLET DE LOTERIE

Une chambre rustique dans un village. — Porte au fond, porte
à gauche. — Fauteuil sur le devant à gauche, table à droite,
chaises.

SCÈNE PREMIÈRE

THOMAS, CRUCHARD.

CRUCHARD, entr'ouvrant la porte du fond.

C'est moi, père Thomas! Vous m'avez fait demander ?

THOMAS, à une table, faisant des comptes.

Ah ! c'est vous, Cruchard, entrez donc! (Cruchard
entre.) Asseyez-vous donc là, près de moi...

CRUCHARD.

Merci ! J' suis point fatigué. — J' m'assirais ben
tout d' même.

Il s'assied à la table devant Thomas.

THOMAS.

Voilà ce que c'est, mon père Cruchard... (S'interrompant.) Sapristi! Y a-t-il longtemps que vous n'êtes

venu à la Genétaie ! — Enfin je suis content de vous
y voir, parce que cette ferme-là que j'ai achetée, il y
a deux ans à la Saint-Michel, me donne aujourd'hui
un rude embarras.

CRUCHARD, se mettant les deux coudes sur la table et regardant Thomas.

Contez-moi donc ça.

THOMAS, même jeu.

Voilà ce que c'est !... Vous m'écoutez bien !

CHUCHARD.

Allez-y, mon père Thomas !

THOMAS.

Voilà ! Quand j'achetis la ferme, je ne la payis
point tout entière ! J' n'avions point assez d'argent
comptant pour ça. On acceptit ce que je donnis et
on voulut bien attendre pour le reste. A l'heure
d'aujourd'hui je ne dois plus qu'une misère, une
dizaine de mille francs ! Malheureusement l'année a
été mauvaise.

CRUCHARD.

Elle a été mauvaise pour tout le monde.

THOMAS.

Vous voyez bien !

CRUCHARD.

Pour tout le monde !

THOMAS.

C'est si vrai ! qu'on exige de moi, maintenant, le
payement intégral de la ferme.

CRUCHARD.

Tout de suite ?

THOMAS.

A peu près, on m'a donné jusqu'à la fin du mois pour me libérer.

CRUCHARD.

Et alors ?

THOMAS.

Eh bien ! alors... Je n'ai pas la somme.

CRUCHARD.

Il faudrait... ?

THOMAS.

Dix mille francs !

CRUCHARD.

Mâtin ! Ça ne se trouve pas sous le pied d'un cheval ! Dix mille !... Et avec ça que l'argent est cher à l'heure qu'il est...

THOMAS.

J' pense bien ! Mais vous, vous avez bien de l'argent à ne rien faire?

CRUCHARD.

Pas tant que ça ! Les rentrées ne se font point ! Y a de la méfiance !

THOMAS.

Enfin ! Pouvez-vous ou ne pouvez-vous t'y point me rendre service ?

CRUCHARD.

Ecoutez ! ce que je peux faire, c'est parce que c'est vous... Sans ça !... Je peux vous donner cinq mille argent pour trois mois, à dix du cent.

THOMAS.

A dix ! Morguienne ! c'est cher !

CRUCHARD.

J' peux pas faire autrement ! Les affaires ne vont pas ! On risque toujours en se séparant de son argent.

THOMAS.

Mais avec moi, vous ne risquez rien, la ferme est là.

CRUCHARD.

J' sais bien ! j' sais bien ! vous êtes un brave homme, c'est connu ! Mais enfin, les affaires sont des affaires ! Acceptez-vous ?...

THOMAS.

C'est cher !

CRUCHARD.

Ecoutez ! j'ajoute un billet de loterie. — Il y a un lot de cent mille francs, vous pouvez le gagner... (Il le tire de sa poche.) Le voilà !

THOMAS.

Oh ! pour ça c'est une plaisanterie !

CRUCHARD.

Mais non ! Vous êtes capable de gagner ! Ça c'est vu !... Allons, père Thomas, décidez-vous, vous ne trouverez pas d'argent meilleur marché.

THOMAS.

Peut-être ! Enfin, je n'ai pas le temps, c'est votre dernier mot ?

CRUCHARD.

Parole d'honneur ! Je ne peux pas faire autrement ! Et encore c'est parce que c'est vous... Voilà le billet.

THOMAS.

Et l'argent ?

CRUCHARD.

Je vous l'apporterai tantôt. — Nous ferons un
petit papier et tout sera en règle.

THOMAS.

Diable de père Cruchard ! Vous n'êtes pas facile,
au moins !

CRUCHARD, se levant.

Moi !... On fait de moi tout ce qu'on veut ! Je vous
vous ai donné le billet ? Bon, vous allez voir que
vous allez gagner !... Je reviendrai tantôt vous ap·
porter l'argent. Au revoir, père Thomas !

Il sort.

SCÈNE II

THOMAS, se levant en colère.

Mille bon sang ! de bon sang ! de bon sang ! le
misérable usurier ! C'est qu'il nous étrangle tous
comme ça ! Avec son air bonhomme et ses semblants
d'amitié il nous prend comme il veut !... Dix du
cent pour trois mois, c'est quarante pour cent par
an ! Et il n'y a pas à dire il faut passer par lui !
Mille millions de milliasses de bêtes à cornes ! Il y
a de quoi se jeter à l'eau si on n'était pas chrétien !
Ah ! ce gredin de Cruchard...! Non, je rage de ne
pouvoir rien faire, d'être impuissant ! je... ah !...
j'étouffe !... Je..... ah !...

Il tombe congestionné sur son fauteuil et fait tomber une
chaise placée à côté

SCÈNE III

THOMAS, JEANNOT.

JEANNOT, accourant au bruit.

Qu'est-ce qu'il y a ? Oh ! mon Dieu ! maître Thomas ! Vous vous trouvez mal !... Il est tout rouge !...
qu'avez-vous ?... Il roule des yeux... Est-ce qu'il va
mourir ? Que faire... Mon Dieu ! mon Dieu !... Il
étouffe... Ouvrons la fenètre !... (Il va ouvrir la fenêtre et
regarde dehors.) Ah ! le docteur Bistouri qui passe !
(Appelant.) Docteur ! Docteur ! Maître Thomas est bien
malade ! Venez !... Il va venir... (Allant à Thomas.)
Maître Thomas ! qu'avez-vous ?

SCÈNE IV

THOMAS, JEANNOT, BISTOURI.

BISTOURI, entrant.

Qu'y a-t-il ?

JEANNOT.

Voyez, docteur, maître Thomas... oh ! mon Dieu !
Est-ce qu'il va mourir ?

BISTOURI, allant à Thomas et lui enlevant sa cravate.

Non, mon enfant ! Ce ne sera rien !... Tu as ouvert
la fenêtre, l'air le fait revenir. Tu vois, ses yeux
s'entr'ouvrent, il nous reconnaît... Eh bien, Thomas,
Eh bien ?... Qu'avez-vous eu, mon brave? Une con-

trariété, je parie ! Et vous vous êtes mis en colère !
Cela ne vous vaut rien, je vous l'ai déjà dit...

THOMAS, revenant à lui.

Où suis-je ?... Ah ! c'est vous, docteur ! merci ! je
vais mieux ! Je ne sais pas ce que j'ai eu, un étour-
dissement sans doute, mais... ça va mieux !

BISTOURI.

Vous avez trop de sang, maître Thomas, il faudra
que je vous en enlève. — Eh bien, êtes-vous un peu
remis ? — Maintenant il faut vous reposer.

THOMAS.

Oui, ça me fera du bien ! je vais me jeter sur mon
lit et dans une heure il n'y paraîtra plus !

BISTOURI.

C'est ça ! Jeannot, conduis maître Thomas...

Jeannot s'empresse près de Thomas.

THOMAS.

C'est inutile ! je puis marcher, voyez... (Il fouille
dans sa poche.) Merci, docteur, tenez !... (Il lui donne le
billet de loterie.) Merci... je vais mieux !

Il sort à droite.

SCÈNE V

BISTOURI, JEANNOT.

BISTOURI, palpant le billet.

Peste ! quel accès de générosité ! Pour un avare !...
(Il déplie le billet.) Ah ! je disais aussi !... C'est un billet

de loterie ! Le vieux grigou ne perd pas la carte !
Je le repincerai à sa première maladie !

JEANNOT.

Monsieur Bistouri !

BISTOURI.

Jeannot ?

JEANNOT.

Est-il bien malade, maître Thomas ?

BISTOURI.

Non, mon ami. Je t'engage à n'être jamais plus
malade que lui.

JEANNOT.

C'est que j'ai eu peur, voyez-vous ! Je l'aime bien,
maître Thomas, c'est lui qui m'a recueilli, car j'é-
tais abandonné de tout le monde, sans parents, sans
personne et c'est bien à lui de me nourrir.

BISTOURI.

C'est ce qu'il a fait de mieux jusqu'à présent. Il
est vrai que ça lui rapporte : tu travailles pour lui
et il ne te paye pas.

JEANNOT.

Oui ! Mais je mange ! Je mange !... Il trouve même
que je mange trop ! Vous n'avez pas un reméde pour
m'ôter l'appétit ?

BISTOURI, à part.

Il est aussi naïf que son maître est avare ! (Haut.)
Tu veux un reméde contre la faim ? Je vais t'en
donner un... (Il lui donne son billet de loterie.) Tiens,
mon garçon, prends ce billet-là, — c'est un billet de
loterie. S'il est bon, ça t'ôtera l'appétit. Je t'en ré-

ponds! — Adieu, Jeannot, si le père Thomas n'allait
pas mieux, tu viendrais m'avertir.

JEANNOT.

Oui, monsieur Bistouri!

Bistouri sort.

SCÈNE VI

JEANNOT, seul, retournant son billet de loterie.

Un billet de loterie! Qu'est-ce que c'est que ça?...
Je n'en ai jamais eu. Qu'est-ce qu'il faut faire avec?...
Il paraît que ça empêche de manger! Non, le docteur
s'est moqué de moi! C'est vrai, on dit que je suis
un innocent, ce n'est pas ma faute... Heureusement
que j'ai un ami pour me conseiller. C'est Robinot, le
clerc de notaire... En voilà un qui est savant! Il
écrit sur des feuilles de papier timbré qui coûtent
très cher et il lit dans de gros livres... et puis, il a
un air! mais un air! Comme quelqu'un qui s'y con-
naît. Je vais lui montrer mon billet, il me dira ce
qu'il faut en faire.

Il va pour sortir.

SCÈNE VII

JEANNOT, LOUSTALOT.

LOUSTALOT, entrant.

Mon oncle Thomas est-il ici?

1.

JEANNOT, étonné.

Votre oncle?...

LOUSTALOT.

Eh oui, mon oncle ! (A part.) Qu'est-ce que c'est que ce garçon-là ? (Haut.) Qui es-tu, toi?

JEANNOT.

Je suis Jeannot, le domestique de maître Thomas.

LOUSTALOT.

Je ne lui en fais pas mon compliment ! Moi, je suis Loustalot, étudiant en droit, un futur avocat, substitut, procureur de la République, député, journaliste, tout ce qu'on voudra ! Va dire à mon oncle que je suis venu le surprendre.

JEANNOT.

C'est que... il dort dans ce moment-ci...

LOUSTALOT.

Il dort ! Il dort en plein jour et il m'appelle pares-seux ! Va le réveiller !

JEANNOT.

Réveiller maître Thomas ! mais il va me gronder.

LOUSTALOT.

Ça, c'est ton affaire ! mais ne crains rien, quand tu lui diras que c'est moi il sera content.

JEANNOT.

Puisque c'est comme ça, je veux bien ! (A part, en sortant.) Pendant qu'ils vont causer tous deux, j'irai voir Robinot.

Il sort.

SCÈNE VIII

LOUSTALOT, puis THOMAS.

LOUSTALOT.

Content! mon oncle ! Il n'est jamais content quand
il me voit, il a toujours peur que je lui tire des ca-
rottes. Il est vrai que je ne m'en prive pas, mais
maintenant, ça ne prend plus ! Il est d'un dur!...
Soyons gentil, le voici !

THOMAS.

Mon neveu! Toi ici !

LOUSTALOT.

Oui, mon oncle ! (Il l'embrasse.) Moi ici, comme vous
dites ! J'éprouvais le besoin de vous voir...

THOMAS.

Je crois bien plutôt que tu as quelque chose à me
demander! Mais c'est inutile ! Je suis très gêné en ce
moment.

LOUSTALOT.

Vous dites toujours ça ! mais rassurez-vous ! Je ne
vous emprunterai rien.

THOMAS.

Emprunter... toi? Tu m'amuses! Je te donne toujours et tu ne me rends jamais.

LOUSTALOT.

Je vous rendrai tout à la fois !

THOMAS.

Ah! mon ami ! On voit bien que tu ne gagnes pas

d'argent, car tu ne sais pas ce qu'il vaut. Je n'ai jamais vu dissipateur comme toi.

LOUSTALOT.

Moi! si on peut dire!

THOMAS.

L'argent glisse dans tes mains, tu le gaspilles à plaisir! Dès que tu as deux sous dans ta poche il faut que tu les dépenses en inutilités de toutes sortes. — Tiens! cette pipe, par exemple, à quoi ça te sert-il?

LOUSTALOT.

Mais à fumer!

THOMAS.

Oui, à fumer! Avec ça qu'on a besoin de fumer! Et ce journal?

LOUSTALOT.

Ce journal? mais mon oncle, on ne peut **pas vivre** sans journal. Autant vaudrait vivre dans un désert! Un journal sert à savoir les nouvelles, les crimes, les accidents, les numéros gagnants des loteries: — ainsi, si j'avais eu par exemple le numéro 606, dans la loterie qu'on a tirée hier, j'aurais gagné cent mille francs!

. THOMAS, vivement.

Que dis-tu? 606... La loterie tirée! C'est bien 606.

LOUSTALOT.

Sans doute! Le numéro gagnant le gros lot est 606! Pourquoi?

THOMAS.

Ah! malheureux!

LOUSTALOT.

Qu'est-ce qui vous prend!

THOMAS.

Ah! malheureux! Qu'est-ce que j'ai fait!... 606... oui, c'est bien 606... Va moi chercher le docteur Bistouri!...

LOUSTALOT.

Ah! ça, est-ce que vous êtes malade?

THOMAS.

Oui, je suis malade! Va, cours, le docteur demeure au coin de la place auprès du charcutier. Va... va vite et reviens avec lui.

LOUSTALOT.

J'y vais, mon oncle! J'y vais! (A part.) Il a un grain, c'est sûr! Sa tête n'est pas bien solide!...

Il sort.

SCÈNE IX

THOMAS, seul.

606! Le numéro 606 est sorti! Et je l'avais! Oui, je ne me trompe pas, c'est bien 606! Et je l'ai donné au docteur! maladroit! Voudra-t-il me le rendre? — Et s'il sait déjà que la loterie est tirée, que ce numéro est sorti... — il doit lire les journaux, lui? — Il voudra le garder. Il sera dans son droit. J'aurai beau lui dire que je me suis trompé. Il n'en voudra rien croire! — Quant à Cruchard, ça m'est égal! Lui me l'a donné bien volontairement et s'il ne me prête pas les cinq mille francs, je m'en moque! Je n'en ai plus besoin! Ah! voici le docteur!... n'ayons pas l'air de trop tenir à mon billet de peur qu'il n'ait l'éveil!

SCÈNE X

THOMAS, BISTOURI.

BISTOURI.

Eh bien, maître Thomas, est-ce que vous **vous** sentez encore mal?

THOMAS.

Non, docteur! Non, je vais même très bien... oui, très bien. — Je vous ai fait appeler, parce que **tout** à l'heure j'ai fait une erreur qui pourrait vous **être** préjudiciable.

BISTOURI.

Une erreur?

THOMAS.

Oui! je croyais vous avoir payé vos honoraires. Oui, je croyais avoir mis une pièce dans du papier, comme ça se fait toujours, n'est-ce pas? Et je viens de m'apercevoir que j'ai oublié la pièce.

BISTOURI.

C'est vrai! — (A part.) Je me disais aussi : Le vieux ladre n'aurait pas osé...

THOMAS, donnant cinq francs à Bistouri.

Voici la pièce que j'aurais dû mettre dans le papier, maintenant rendez-moi le papier.

BISTOURI.

Le papier? mais n'est-ce pas un billet de loterie?

THOMAS, vivement.

Précisément.

BISTOURI.

C'est que je ne l'ai plus !

THOMAS, bondissant.

Comment ! Vous ne l'avez plus ?

BISTOURI.

Non ! Je ne l'ai plus ! Jeannot a été gentil avec moi et je le lui ai donné.

THOMAS, très agité.

C'est Jeannot ! C'est Jeannot qui l'a ! — Je cours le lui reprendre... Mon Dieu ! pourvu qu'il ne l'ait pas perdu !

Il sort en courant.

SCÈNE XI

BISTOURI, puis JEANNOT.

BISTOURI.

Eh bien ! Eh bien ! Comme il court ! Il tient donc bien à ce billet ! Est-ce que la loterie serait tirée ? Et ce billet serait-il un des numéros gagnants ! Ah ! pour le coup ce serait trop fort ! Mais voici Jeannot je vais savoir... (Jeannot entre.) Approche, Jeannot ! Qu'as-tu fait du billet de loterie que je t'ai donné ?

JEANNOT.

Le billet de loterie ! D'abord je ne savais pas qu'en faire, puisque je ne savais pas ce que c'était, mais je suis allé consulter Robinot; vous savez, Robinot, le clerc de notaire, qui est si savant. Et il m'a dit que ça ne valait rien, qu'on ne gagnait jamais dans les loteries. Alors, j'ai voulu jeter le billet ; mais Robinot m'a dit : Tiens, donne-le moi, je vais te donner en échange un couteau. J'ai préféré ça.

BISTOURI.

Imbécile ! Le billet est sorti, parbleu ! — Courons chez Robinot et tàchons de le ravoir.

Il sort aussi en courant.

SCÈNE XII

JEANNOT, puis THOMAS.

Ah ! ça ! C'est donc un vrai trésor que ce billet de loterie ? On me l'a donné pour rien et on court après maintenant comme si ça avait de la valeur. Robinot m'a bien expliqué ça, mais j'y ai rien compris. Il m'a dit : c'est la cent milième partie d'une chance. Il y a quatre-vingt-dix-neuf mille, neuf cent quatre-vingt-dix-neuf probabilités que tu ne gagneras pas, par conséquent donne-moi le billet... Je te vas donner mon couteau. (Il tire le couteau de sa poche.) Le voilà c'est toujours ça que j'ai gagné. Il a deux lames: une grosse et une petite, et un tire-bouchon. J'ai déjà coupé une baguette avec ; il coupe bien.

THOMAS, entrant précipitamment.

Ah ! te voilà ! Je te cherche partout ! Où donc que tu étais ?

JEANNOT.

J'étais chez Robinot, maître Thomas, où je...

THOMAS, l'interrompant.

C'est pas tout ça ! Le docteur Bistouri t'a donné un billet de loterie ?

JEANNOT, à part.

Ah ça! v'là qu'ils en veulent tous de mon billet de loterie !

THOMAS.

Où est-il, ce billet ?

JEANNOT.

Où qu'il est? je ne l'ai plus !

THOMAS, en colère.

Tu l'as perdu?

JEANNOT.

Non, je l'ai donné...

THOMAS, toujours irrité.

Tu l'as donné? A qui? réponds vite...

JEANNOT.

Mon Dieu, maître Thomas, ne me mangez pas ! Je ne savais pas faire mal ! je l'ai donné à Robinot.

THOMAS.

A Robinot ?

JEANNOT.

Oui! je l'ai changé contre un couteau... que v'là !

THOMAS, exaspéré.

Fichue bête! Non, mais voyez cette fichue bête qui s'en va changer son billet contre un couteau! Ça porte malheur !

JEANNOT.

Ça porte malheur? mais je ne savais pas, moi !

THOMAS, l'imitant.

Je ne savais pas, moi! — Grand imbécile! Comment le ravoir maintenant. Non! c'est fait pour moi! (Menaçant Jeannot.) Tu mériterais bien que je t'allonge une paire de calottes...

SCÈNE XIII

THOMAS, JEANNOT, LOUSTALOT.

LOUSTALOT, intervenant.

Là! là! mon oncle, à qui en avez-vous?

THOMAS.

Ah! si tu savais! quel imbécile!

LOUSTALOT.

Ce n'est pas une raison pour le battre...

THOMAS.

Tu as raison!... Viens avec moi, j'ai besoin de prendre l'air! Et le docteur qui m'ordonne de ne pas me mettre en colère! — Mais ces imbéciles-là, ça ferait damner un saint!

LOUSTALOT, lui prenant le bras pour l'emmener.

Calmez-vous, mon oncle, calmez-vous! Et racontez-moi ce qui vous arrive.

THOMAS.

Oui! oui... Figure-toi que j'avais un billet de loterie...

Ils sortent en causant.

SCÈNE XIV

JEANNOT, seul, puis CRUCHARD.

Il paraît que j'ai fait une bêtise! mais je ne savais pas moi! Mon Dieu, moi qui aime tant maître Thomas, je suis désolé de l'avoir ainsi mis en colère! je ne serai donc jamais qu'une bête! Comme il dit!... Il va peut-être me renvoyer! Que je suis malheureux! mon Dieu! mon Dieu!

Il s'assied en pleurant.

CRUCHARD, entrant.

Y a-t-il du monde?... Te voilà Jeannot! Tu as l'air d'avoir du chagrin. Qu'est-ce que tu as à pleurer ainsi?

JEANNOT.

Ah! monsieur Cruchard, je suis bien malheureux!

CRUCHARD.

Malheureux! à ton âge! c'est de bonne heure! Allons, conte-moi ton gros chagrin, je pourrai peut-être le soulager.

JEANNOT.

Oh! non! c'est pas possible, monsieur Cruchard.

CRUCHARD.

Dis toujours!

JEANNOT.

Eh bien! voilà ce que c'est, monsieur Cruchard: mais vous n'y pouvez rien.

CRUCHARD.

J'écoute!

JEANNOT.

Y a le docteur, vous savez, le docteur Bistouri, qui m'a donné un billet de loterie, je sais pas pourquoi; moi, je sais pas pourquoi non plus, je l'ai donné à Robinot : ah! si, c'est pour un couteau. Et puis, v'là que maître Thomas ne redemande le billet, j'sais pas pourquoi; et puis comme je ne l'avais plus, il se met en colère et veut me battre... (Pleurant.) J'sais pas pourquoi !...

CRUCHARD, à part.

Tiens! tiens! mon billet a circulé... Est-ce que...?

JEANNOT.

Il avait l'air de tenir beaucoup à ce billet, maître Thomas! Et le docteur Bistouri aussi...

CRUCHARD.

Le docteur? Mais alors pourquoi te l'a-t-il donné?

JEANNOT.

Ah! quand il me l'a donné il n'y tenait pas! Mais c'est depuis! Ils veulent tous deux le ravoir... je sais pas pourquoi!

CRUCHARD.

Et c'est Robinot qui l'a?

JEANNOT.

Oui! il a dit qu'il ne valait rien, mais il l'a gardé tout de même et il m'a donné un couteau pour... (Montrant son couteau.) Le v'là!

CRUCHARD, à part.

Est-ce que j'aurais fait une boulette! Et le billet

serait-il bon? (Haut.) Écoute, Jeannot, tu es bien
fâché d'avoir été grondé par maître Thomas?...

JEANNOT.

Oh! oui, monsieur Cruchard... oh! oui!

CRUCHARD.

Eh bien, je vais arranger l'affaire.

JEANNOT.

Si vous pouvez, monsieur Cruchard! mais j'ai
bien peur que ce soit trop difficile, maître Thomas
est si fort en colère...

CRUCHARD.

Tu vas faire bien exactement ce que je vais te
dire.

JEANNOT.

Oui, monsieur Cruchard!

CRUCHARD.

Tu vas aller trouver Robinot.

JEANNOT.

Oui, monsieur Cruchard!

CRUCHARD.

Tu vas lui dire qu'il te rende ton billet, parce qu'il
n'était pas à toi.

JEANNOT.

Oui, monsieur Cruchard!

CRUCHARD.

Et tu lui rendras son couteau.

JEANNOT.

Oh! oui, monsieur Cruchard, je veux bien. Maître

Thomas m'a dit que ça portait malheur d'accepter un couteau ! je vois bien que c'est vrai !

CRUCHARD.

Et puis tu me rapporteras le billet à **moi**.

JEANNOT.

A vous ?

CRUCHARD.

Oui ! à moi ; je le rendrai à maître Thomas, **et je** parlerai pour toi. Il te pardonnera.

JEANNOT.

Oh ! que je serai content.

CRUCHARD.

Fais comme je te dis, et je te **donnerai quelque** chose.

JEANNOT.

Oh ! pas un couteau, monsieur Cruchard.

CRUCHARD.

Non ! pas un couteau ! un beau gilet, un **gilet** rouge, ça te va-t-il ?

JEANNOT.

Oui, monsieur Cruchard.

CRUCHARD.

Allons ! va dépêche-toi ! je t'attends ici.

JEANNOT.

J'y cours ! monsieur Cruchard !

Il sort.

SCÈNE XV

CRUCHARD, puis THOMAS.

CRUCHARD.

Faut-il que j'aie été bête de me dessaisir ainsi de
ce billet! Est-ce qu'on sait ce qui peut arriver! Bien
sûr le numéro est sorti, autrement ils ne tiendraient
pas tant à le ravoir. Imbécile que je suis!

THOMAS, entrant.

Ah! c'est vous, Cruchard!...

CRUCHARD.

Oui! Je venais pour terminer notre affaire. J'ai
sur moi la somme...

THOMAS.

La somme?

CRUCHARD.

Oui, les cinq mille!...

THOMAS.

Mais voyez-vous, père Cruchard, j'ai bien réfléchi.
Vous me prenez trop cher.

CRUCHARD.

Trop cher!... mais, père Thomas, tout était pour-
tant convenu?

THOMAS.

Sans doute! mais tant qu'il n'y a rien de fait, on
peut réfléchir.

CRUCHARD, à part.

Le numéro est sorti.

THOMAS.

Moi, j'ai réfléchi! Et je ne peux pas faire une affaire comme ça.

CRUCHARD.

Oui ! mais je vous ai donné des arrhes.

THOMAS.

Des arrhes ?

CRUCHARD.

Sans doute... mon billet...

THOMAS.

Votre billet... quel billet ?...

CRUCHARD.

Mon billet de loterie ! Rendez-le moi...

THOMAS.

Une plaisanterie ! Ça ne compte pas... un chiffon de papier...

CRUCHARD.

Vous me la baillez belle ! si le numéro sortait... En tous cas, comme vous ne voulez plus faire l'affaire rendez-moi mon billet.

THOMAS.

Est-ce que je sais ce que j'en ai fait ?

CRUCHARD.

Ça ne me regarde pas ! Faites l'affaire ou rendez-moi mon billet.

THOMAS.

Vous y tenez donc bien, père Cruchard ?

CRUCHARD.

Les affaires sont des affaires... Rendez-moi mon billet.

THOMAS.

C'est-y qu'il aurait gagné ?

CRUCHARD.

Vous en savez plus long que moi là-dessus, fi-
naud!

THOMAS.

Moi?

SCÈNE XVI

LES MÊMES, BISTOURI, entrant précipitamment.

THOMAS.

Eh bien?

BISTOURI, tombant sur une chaise.

Je viens de chez Robinot...

THOMAS.

Et... alors!

BISTOURI.

Robinot est parti!...

THOMAS.

Parti?

CRUCHARD.

Parti!

BISTOURI.

Oui, parti!

THOMAS.

Avec le billet?

BISTOURI.

Avec le billet!

CRUCHARD.

Avec le billet !

THOMAS.

Il sera sans doute parti pour Paris pour toucher le billet?

CRUCHARD.

Comment, le billet ? Il était donc bon ? Il est à moi !

THOMAS.

Pas du tout; il est à moi puisque vous me l'avez donné.

BISTOURI.

Ah! mais non ! Vous me l'avez donné ensuite, père Thomas, il est à moi !

SCÈNE XVII

LES MÊMES, JEANNOT et ROBINOT.

JEANNOT.

Pas du tout! C'est le docteur Bistouri qui me l'a donné; il est à moi!

ROBINOT, entrant.

Eh bien, personne de vous ne dit la vérité!

TOUS, s'exclamant joyeusement.

Robinot !

ROBINOT.

Oui, Robinot! C'est moi qui ai le billet, là dans

mon portefeuille, et il est à moi légitimement. Je le tiens de Jeannot à qui j'ai donné un couteau en échange! Par conséquent il est à moi! — Je l'ai là, et j'y tiens !

CRUCHARD.

Tout ça, ça ne me regarde pas! (A Thomas.) Rendez-moi mon billet?

THOMAS, à Bistouri.

Rendez-moi mon billet?

BISTOURI, à Jeannot.

Rends-moi mon billet ?

JEANNOT, à Robinot.

Rends-moi mon billet, v'là ton couteau.

ROBINOT.

Ah ça, mais pour le réclamer ainsi, c'est donc le billet gagnant?

CRUCHARD.

Dame! Je ne sais pas, moi!

BISTOURI.

Ni moi non plus!

JEANNOT.

Ni moi !

ROBINOT.

Et vous, père Thomas, qui ne dites rien, répondez?

THOMAS.

S'il est gagnant, on le verra bien ! ça serait bien possible, mais je n'en sais rien; tout ce que je demande, c'est mon billet !

CRUCHARD.

Mon billet!

BISTOURI. .

Mon billet !

JEANNOT.

Mon billet !

Ils entourent tous Robinot.

ROBINOT.

Là ! là ! là ! Vous m'étouffez.

SCÈNE XVIII

Les Mêmes, LOUSTALOT.

LOUSTALOT.

Eh bien ! Qu'est-ce qu'il y a ? Vous voulez étouffer
Robinot ?

THOMAS.

Ah ! bien ! Justement voici mon neveu. Il arrive de
Paris, avec le journal ; c'est lui qui va nous dire la
vérité. Mais avant tout, je tiens à déclarer que le billet est à moi.

CRUCHARD.

Non ! à moi !

BISTOURI.

A moi !

JEANNOT.

A moi !

ROBINOT.

A moi ! Puisque je l'ai en ma possession.

LOUSTALOT.

Si vous criez tous à la fois, on ne s'entendra pas !
Laissez-moi parler.

TOUS.

Oui, parlez ! parlez ! parlez !

LOUSTALOT, tirant son journal de sa poche.

Je vais lire, écoutez ! — (Il lit.) Politique, faits di-
vers... théâtres... ce n'est pas ça ! Ah ! — Dernières
nouvelles: — « Loteries autorisées. — Hier, on a pro-
cédé au tirage définitif et le premier numéro qui est
sorti est le numéro 606. — L'heureux possesseur du
billet qui porte le numéro 606 est donc le gagnant
du lot de cent mille francs ! » (A Robinot.) Est-ce bien
le numéro 606 que vous avez?

ROBINOT, tirant le billet de sa poche. — Joyeux.

Oui ! C'est le numéro 606 ! J'ai gagné !

THOMAS.

Non, c'est moi !

BISTOURI.

C'est moi!

CRUCHARD.

C'est moi !

JEANNOT.

C'est moi!

Ils entourent Robinot et veulent lui arracher le billet.

LOUSTALOT.

Un instant ! Je voudrais bien voir le billet !... Que

tout le monde se recule... je n'y toucherai pas... Robinot, montre-le moi, de loin!... (Robinot montre le billet de loin, avec méfiance. — Loustalot le regarde, puis consulte son journal et éclate de rire.) Ah! ah! ah! c'est trop drôle!

THOMAS.

Quoi? ce n'est pas le numéro 606 qui a gagné?

LOUSTALOT.

Si! Mais c'est le tirage de la loterie Algérienne... et vous avez un billet de celle de Madagascar!

ROBINOT.

C'est vrai! je n'ai pas gagné!...

JEANNOT.

Alors personne n'a gagné?

THOMAS, à Cruchard.

L'affaire tient toujours, n'est-ce pas?...

CRUCHARD.

Tout de même!

JEANNOT, à Cruchard.

Et mon gilet rouge?...

CRUCHARD.

Tu t'en passeras!

ROBINOT, à part.

Ils ne me demandent plus le billet, maintenant! Tant mieux! Je le garde, la loterie de Madagascar n'est pas tirée et je puis encore gagner!

Rideau.

Imprimerie générale de Châtillon-sur-Seine. — M. Pepin.

PIÈCES POUR LA JEUNESSE

	H.	F.	Prix
LES AMIS DE PROVINCE	2	4	1
L'ATELIER DE PEINTURE	3	4	1
LES AVOCATS	4	»	1 »
LE BILLET DE LOTERIE	6	»	1
UN CERCLE DE FEMMES	1	7	1
LA CIGALE ET LA FOURMI	»	6	1
LES CONSEILS DE MON ONCLE	3	1	1
UN COUP DE TÊTE	»	2	1 »
LE CRIME DE MOUTIERS	5	»	1 »
LES CUISINIÈRES	»	7	1
DEUX MÈRES	»	5	1
UNE DISCRÉTION	»	2	1 »
LA DOT D'ALICE	»	2	1
UN FIANCÉ ANONYME	»	5	1
LA GRANDE SŒUR	»	2	1
LE GÉNÉRAL PRUNEAU (de Tours)	2	1	1
LA MALADE IMAGINAIRE	6	»	1
MALICES PERDUES	1	1	1
MENTOR (charade)	»	4	1
LA NÉGRESSE	»	5	1 »
LE PATÉ	3	1	1
PENSUM (charade)	»	6	1
LES POMMES DE LA MÈRE AUBRY	»	3	1
LE PREMIER BAL	»	5	1 »
UN PREMIER HABIT	1	1	1 »
LE PRIX D'HONNEUR	»	2	1
LES SOUHAITS INTERROMPUS	»	4	1 »

IMPRIMERIE GÉNÉRALE DE CHATILLON-SUR-SEINE. — M. PÉPIN.